BEI GRIN MACHT SICH IHR
WISSEN BEZAHLT

- Wir veröffentlichen Ihre Hausarbeit,
  Bachelor- und Masterarbeit

- Ihr eigenes eBook und Buch -
  weltweit in allen wichtigen Shops

- Verdienen Sie an jedem Verkauf

Jetzt bei www.GRIN.com hochladen
und kostenlos publizieren

Bibliografische Information der Deutschen Nationalbibliothek:

Die Deutsche Bibliothek verzeichnet diese Publikation in der Deutschen National-
bibliografie; detaillierte bibliografische Daten sind im Internet über http://dnb.d-
nb.de/ abrufbar.

Impressum:

Copyright © 2005 GRIN Verlag
Druck und Bindung: Books on Demand GmbH, Norderstedt Germany
ISBN: 9783638929912

Sevinc Tozluk

Geschichte der Schrift - ein kurzer Abriss

GRIN Verlag

GRIN - Your knowledge has value

Der GRIN Verlag publiziert seit 1998 wissenschaftliche Arbeiten von Studenten, Hochschullehrern und anderen Akademikern als eBook und gedrucktes Buch. Die Verlagswebsite www.grin.com ist die ideale Plattform zur Veröffentlichung von Hausarbeiten, Abschlussarbeiten, wissenschaftlichen Aufsätzen, Dissertationen und Fachbüchern.

Besuchen Sie uns im Internet:

http://www.grin.com/

http://www.facebook.com/grincom

http://www.twitter.com/grin_com

Geschichte der Schrift -

Ausarbeitung des Referats

Sevinc Tozluk

Studiengang:
Allgemeine Sprachwissenschaft /
Medienwissenschaft /
Informationswissenschaft
(Magister)

Inhaltsverzeichnis

1 Einleitung

In der vorliegenden Ausarbeitung unseres Referate `Geschichte der Schrift werde ich einen (groben) Überblick über Entwicklungsstationen und -stadien der Schrift darstellen. Angefangen bei den Ursprüngen der uns heute bekannten Schriftkultur - den Bildern und Symbolen - gehe ich im weiteren Verlauf auf die voralphabetischen Schriften wie der Keilschrift und der Chinesischen Schrift ein. Daraufhin gehe ich weiter auf das erste alphabetische Prinzip, auf das Phönizische Alphabet ein. Die Arbeit schließe ich mit einem Beitrag zum lateinischen Alphabet ab.

Bevor ich auf die Materie an sich, d.h. auf die Entwicklung der Schrift eingehe, möchte ich einige Definitionsansätze vorstellen.
Im Brockhaus wird Schrift folgendermaßen definiert:

> „System grafischer Zeichen, die zum Zweck menschlicher Kommunikation verwendet werden.
>
> [„Schrift, Brockhaus, Band 4 NAR-SHAO 2003]

In dieser kurzen Beschreibung wird Schrift als Kommunikationsmittel bezeichnet.
Im Lexikon der Sprachwissenschaft hingegen findet sich folgende Definition:

> „Auf konventionalisierten System von graphischen Zeichen basierendes Mittel zur Aufzeichnung mündlicher Sprache. Die Jahrtausende alte Geschichte der Schrift ist in ihrer Entwicklung stark von Magie, Religion und Mystik geprägt, zugleich aber auch vom kulturhistorischen Wandel der Materialien (Fels, Leder, Knochen, Pergament), Schreibwerkzeuge und Schreibtechniken
>
> [Bußmann, Hadumod (Hrsg.) : Lexikon der Sprachwissenschaft, Stuttgart, 2002]

In dieser Definition wird ausschließlich die Dokumentations-Funktion der Schrift betont. Der Faktor Kommunikation wird außer Acht gelassen.
Friedrich beschreibt Schrift wie folgt:

"Die Schrift läßt sich als ein Mittel der Mitteilung bezeichnen, mit dem die Menschen durch ohne weiteres verständliche und vereinbarte Zeichen räumliche und zeitliche Entfernungen überbrücken wollen."

[Johannes Friedrich: Geschickte der Schrift, Heidelberg 1966]

Hier wird sowohl der dokumentarische als auch der kommunikative Aspekt von Schrift beschrieben.

Bei Schmitt hingegen wird Schrift als zwischenmenschliche Konvention aufgefaßt.

"" [..] voran geht der eigentlichen Schrift - aus den verschiedensten Gegenden der Erde bezeugt - Bemühen durch Zeichnungen, meist recht unvollkommener Art, einen ungefähren Hinweis auf das Gemeinte zu geben. Diese Hinweis gewinnt dann eine deutlichere Gestalt, wenn für eine zunehmende Zahl von Vorstellungen oder Worten bestimmte Bilder oder Zeichen von einigermaßen gleichbleibender Form gebräuchlich werden [..]

[Schmitt, Alfred / Haebler, Claus (Hrsg): Entstehung und Entwicklung von Schriften, Köln-Wien, 1980]

Faßt man verschieden Ansätze zur Erklärung der Schrift zusammen, ergibt sich für mich folgender Zusammenhang: Schrift sind konventionalisierte Graphische Zeichen bzw. Zeichenkombinationen, denen sprachliche Laute bzw. Bedeutungen zugewiesen werden. Schrift dient als Mittel zur geographisch wenig eingeschränkten Kommunikation und zeitlich unabhängigen Dokumentation.

Nachdem Schrift definiert ist möchte ich einen kurzen Überblick über die Ursprungsorte von Schrift geben. Nach Erarbeitung verschiedener Quellen, läßt sich eines mit Sicherheit feststellen: Eine monogenesische Schriftkultur mit einem Ursprungsort und/oder einer kontinuierlichen Verbreitungslinie gibt es nicht. Vielmehr untermauern neueste Erkenntnisse die These einer Schriftpolygenese. Diese wird folgenden Gebieten zugeordnet:

- Südosteuropa 5500 v.Chr.
- Altägypten 3500 v.Chr. (Hieroglyphen)
- Mesopotamien 2700 v.Chr. (sumerische Keilschrift)
- Industal 2300 v.Chr. (Indien)
- China 1900 v.Chr.
- Mittelamerika 1000 v.Chr. (Schrift der Olmeken)

Abschließend möchte eine Grafik vorstellen, die die Entwicklung der Schrift von den Anfängen bis heute sehr gut darstellt.

2 Bilder und Symbole

(Anmerkung:

Auf den Teil 'Bilder und Symbole' werde ich nur kurz eingehen.

Dieser Bereich der Arbeit wurde ausführlicher durch Frau Laka bearbeitet.)

Zunächst möchte ich den Unterschied zwischen Bildern/Malerei, Bildschrift und Schrift ansprechen. Obwohl die Grenze zwischen Malerei und Bildschrift nicht scharf ist, sollte betont werdende, dass bei einem gemalten Bilde der künstlerische / ästhetische Aspekt im Vordergrund steht und die Bilderschrift dient als Kommunikationsmedium, bei dem der ästhetische Ansatz keine Rolle spielt.

Der signifikante Unterschied zwischen Bilderschrift und Schrift liegt darin, dass Schrift eine direkte Beziehung zu Sprache und Bilder drücken nur eine einfache Gedankenwelt ohne Sprache aus. Felsenbilder zum Beispiel können nicht gelesen werden, sondern nur aus dem kulturellen Kontext aus interpretiert werden. Außerdem drückten Bilder (Bildschriften) zu den Anfängen "komplette Ideenbündel, deren narrativer Inhalt sprachlich ganzen Sätzen entspricht" [Haarmann, S.14]. Schrift drückt dagegen kleine Lauteinheiten aus, Phone und Phoneme. Sie bezieht sich nie auf komplette ausdrücke oder gar "Ideenbündel".

3 Die Keilschrift

3.1 Zur Geschichte der Keilschrift

Die Keilschrift wurde erstmal 1607 von Garcia Silvia Figuerosa (span. Botschafter) in Persopolis (Hauptstadt der Perserkönige der Achämeniedendynastie) entdeckt. Jedoch wurde die Keilschrift zu Beginn nicht als Schrift identifiziert. Da sie keine der bisher bekannten Schriften wie Griechisch, Aramäisch, o.ä. auch nur in geringster Weise ähnelte wurden ihr keine Bedeutung zugeschrieben. Den Name ´Keilschrift´ wurde con Thomas Hyde (Prof. für Hebräisch und Aramäisch, Oxford) geprägt, der "die Zeichen für ein Experiment des Baumeisters von Pesopolis " [Robinson, S. 72] hielt.

Erst im Jahre 1770 wurde die Keilschrift von Carsten Niebuhr, einem dänischen Reisenden als Schrift identifiziert und entschlüsselt. Er stellte unter anderem fest, dass die Keilschrift von links nach rechts zu lesen war und dass drei verschiedenen Schriftarten existieren.

Man geht davon aus, dass die Keilschrift in Mesopotamien erfunden wurden, jedoch wurden viele anderen nicht sumerische Sprachen mit der Keilschrift geschrieben. Abgesehen von vielen semitischen Sprachzweig wurde die Keilschrift auch von Sprechern der indoeuropäischen Sprachen Anatoliens adaptiert.

In Ihren Grundzügen ist die Keilschrift eine Silbenschrift. Es gibt aber auch Ausprägungen, die einem alphabetischen Prinzip nahe kommen (wie z.B. die altpersische Keilschrift).

3.2 Schrifttechnologie

Die Keilschrift wurde mit Griffeln, die meist aus Bambus-Splitter oder Schilfrohr angefertigt und am unteren Ende zu einem dreikantigem Prisma zurecht geschnitten waren, in feuchte Tontafeln geritzt.

Währen des Beschreibens eine Tafel begann der Schreiber an der linken Oberkante und arbeitete sich bis zur unteren Kante runter. An der Unterkante angelangt, fang der Schreiber wieder an der linken Oberkante und wiederholte den Vorgang. Die Keilschrift wurde also in Kolumnen geschrieben. Die Art und Weisen, wie Tontafeln mit Keilschrift beschriftet worden ist vergleichbar mit der Druckausgabe unserer heutigen Zeitungen.

4 Die Chinesische Schrift

4.1 Zur Geschichte der Chinesischen Schrift

Die chinesische Schrift ist eines der ältesten Schriftsysteme der Welt, das sich in ihren Grundzügen bis zum heutigen Tage erhalten hat. Erste Belege der chinesische Schrift liegen in der Zeit von 1400 bis 1200 v. Chr. aus der Schang-Dynastie. Die ersten Schriftzeichen wurden auf Orakelknochen und Schildkrötenpanzern entdeckt.

Es findet ein Stilwandel der Schrift im Laufe der Jahrhunderte statt.

Während der Zhou-Dynastie hatte die Große Siegelschrift weitverbreitete Popularität. In der Zeit von 476 - 221 v. Chr. war China in mehrere kleine Reiche zerfallen, die alle ihre eigene Schriftrichtung definierten.

Erst nach beginn der Qin-Dynastie 221 v. Chr. wurde die chinesische Schrift mit der kleinen Siegelschrift vereinheitlicht. Gegen Ende der Qin-Dynastie (c.a. 200 v.Chr.) wurde die Kanzleischrift eingeführt, die als Grundlage für die moderne Normalschrift dient. Zu Beginn der Han-Dynastie hatte die Konzeptschrift Gültigkeit. Nach Ende der Han-Dynastie bis zum Beginn der Zeit der Drei Reiche wurde die Normalschrift benutzt. Danach wurde die Schreibschrift eingeführt, die bis zur Gründung der Volksrepublik China im Jahre 1949 Gültigkeit hatte. Mit Gründung der Volksrepublik wurde eine Schriftzeichenreform vollzogen; die heute gängigen Kurzschriftzeichen wurden eingeführt. Nicht nur die Zeichen, sondern auch die Schreibweise bzw. die Richtung wurde reformiert. Man schreibt nicht mehr von oben nach unten oder von links nach rechts sondern wie im Lateinischen Alphabet von links nach rechts.

4.2 Zur Bedeutung der Schriftzeichen

In Ihren Anfängen war die Chinesische Schrift eine Bilderschrift. Piktogramme hatten eine große Bedeutung. Der Hauptgedanke war Sachen zu zeichnen um Worte zu schreiben. Mit der Zeit entwickelte sich die Schrift zu einer Wortschrift. Das bedeutet, dass ein Zeichen für ein Wort steht und nicht wie in unserem alphabetischen System, dass ein Zeichen für ein Phon oder Phonem steht.

Die chinesischen Schriftzeichen werden in 5 Gruppen aufgeteilt. Diese werde ich hier kurz tabellarisch darstellen:

Name	Erklärung	Beispiel
Bildzeichen	Piktogramm ähnliche Darstellung, "Sachen zeichnen, um Worte zu schreiben.	z.B. das Zeichen für `Pferd`
Symbole	keine Piktogramme aber dennoch logische Formen	z.B. Zahlzeichen
zusammengesetzte Symbole	ideelle, logische Verknüpfung	z.B. stehen das Zeichen für `Sonne´ und `Mond´ nebeneinander bedeutet das ´hell´
Zeichen nach dem Rebusprinzip	Zeichen eines Wortes wird zur Andeutung eines anderen Wortes "geborgt". Der Leser kann nur aus dem Kontext heraus erschließen, welchen Wort gemeint ist.	z. B. das Zeichen für ´Elefant´ bedeutet auch gleichzeitig ´Bild´
semantisch - phonetische Gruppe		z.B. ergänzt man das Zeichen für ´Frau´ mit dem Lautwert ´ma´ bedeutet es ´Mutter´

5 Phönizische Alphabet

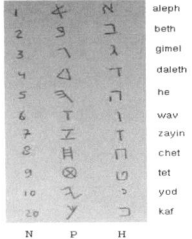
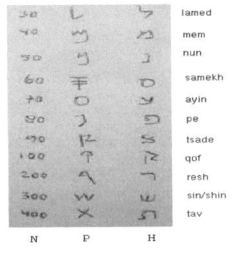

5.1 Zur Geschichte des Phönizischen Alphabets

Die ersten Inschriften fand man in Babylos. Sie stammt aus dem 11. Jhr. v. Chr. Die Phönizier entwickelt ein Schriftsystem, dass mehrere Jahrhunderte lang von verschiedensten Völkern und Kulturen im Mittelmeerraum genutzt wurde. Die Phönizier waren die größten Händler der antike. Ihre wichtigste Handelware war das Purpur, das sie aus der Wulstschnecke gewannen. Dieser Handelsware haben sie auch Ihren Namen zu verdanken. Denn Phönizier ist ein griechisches Wort, dass Purpurhändler bedeutet

5.2 Details zum Phönizischen Alphabet

Das Phönizische Alphabet bildet die Grundlage aller ihr folgenden alphabetischen Systeme. Das revolutionäre an der phönizischen Schrift war, dass die Zeichen nicht mehr für einzelne Worte oder Silben standen, sondern dass jedem Grapheme ein Laut zugeordnet wurde. Erst wenn mehrere Zeichen nebeneinander stehen, wurde ihnen eine lautliche Form und eine Bedeutung zugewiesen. Im Vergleich zu Ägyptern oder Griechen sind nur wenige Aufzeichnungen der Phönizier erhalten geblieben. Aber es ist bekannt, dass das Phönizische Alphabet 22 Buchstaben hatte.

6 Das Lateinische Alphabet

Phönizisch	phönizische Name	modernes Symbol	Früh-griechisch	klassisches Griechisch	griechischer Name	Frühlatein	klassisches Latein
	'alef	'			alpha		A
	bet	b			beta		B
	gimel	g			gamma		C
	dalet	d			delta		D
	he	h			epsilon		E
	waw	w			digamma		F
							G
	zajin	z			zeta		H
	chet	ch			eta		I
	tet	t			theta		(J)
	jod	j			iota		K
	kaf	k			kappa		L
	lamed	l			lambda		M
	mem	m			my		N
	nun	n			ny		O
	samech	s			xi		P
	ajin	'			omikron		Q
	pe	p			pi		R
	sade	s			saw		S
	kuf	q			qoppa		T
	rosch	r			rho		V
	sin/schin	s/sch			sigma		X
	taw	t			tau		Y
					ypsilon		Z
					chi		
					omega		
PHÖNIZISCH			GRIECHISCH			LATEINISCH	

www.weikopf.de

6.1 Zur Geschichte des Lateinischen Alphabets

Es existieren zwei Hypothesen zur Entstehung der Schrift. Die eine besagt, dass es sich hierbei um eine Entlehnung aus dem griechischen Alphabet handelt, die andere behauptet dass sie den Etruskern entlehnt ist. Wahrscheinlich haben beide Schriften zur Entstehung des .lateinischen Alphabets beigetragen. Verschieden wissenschaftlichen Untersuchungen zu Folge, die die Herkunft der einzelnen Buchstaben erforscht haben, sind sowohl etruskische als auch griechische Entlehnungen vorhanden. Für die etruskische Variante spricht zum Beispiel die Verwendung von ´q´ von ´u´. Die Verwendung von ´z ´ spricht dagegen für das Griechische.

In den Anfängen war die lateinische Schrift nur eine Schrift der kleinen römischen Landschaft Latinum. Die älteste lateinische Inschrift stammt aus dem 7. Jhr. v. Chr und eines der ersten rechtsläufigen Inschriften in lateinischer Schrift ist auf dem Sarkophag der Cornelius Luicuis Scipio (298 v. Chr) zu sehen. Bis Lateinische Schrift c.a. 200 v. Chr. seine bis jetzt kaum unveränderte Version erreichte machte es einige Veränderungen wie die Ansätze der Monumental- oder Kapitalschrift mit.

Heute wird die lateinische Schrift im gesamten romanischen Gebiet mit germanischen Sprachen und in Slawischen Gebieten verwendet. Die einzigen Ausnahmen in diesen Regionen sind Griechenland und Rußland, die andere Schriftsysteme verwenden. In den restlichen Teilen der Welt ist kein einheitlichen Schriftsystem vorhanden. Warum die Lateinische Schrift ein geeigneter Kandidat für das einheitliche Schriftsystem der Welt wäre, möchte ich mit einem Zitat von Professor David Diringer

einem der größten Forscher der Sprachentwicklung, der an der Universität in Cambridge lehrte, begründen. Er schrieb in seinem Buch „Writing and the Alphabet" (frei übersetzt): „Das Alpha-Bet-System ist das wirksamste und nutzbringendste System aller Schreibsystem. Es ist in seiner Einfachheit unerreichbar und man sollte dieses System als eine der originellsten und authentischsten Ideen anerkennen, eine Idee, die in der Geschichte der Menschheit einmalig ist. Der Erfinder des Systems war ganz sicher ein ungewöhnlich phänomenaler Gelehrter. Kein Wunder, dass die jüdischen Weisen es als Gottes Gabe sahen."

7 Fazit

Zusammenfassend läßt sich eines zur der Geschichte der Schrift sagen: sie ist sehr umfangreich und faszinierend zugleich..

Mit dieser Arbeit habe ich versucht die wichtigsten Entwicklungsstadien und Entstehungsorte kurz zu beschreiben, um einen kompakten Überblick über die Schriftgeschichte zu geben.

Vom heutigen Kenntnisstand ausgehend kann man nur davon ausgehen, (wie bereits auch in der Einleitung erwähnt) dass verschiedenste Kulturen aus den verschiedensten Gebieten der Erden zu unterschiedlichen Epochen Schriftsysteme entwickelt habe, um Ihre Gedanken festzuhalten, über geographische und zeitliche Grenzen hinweg zu kommunizieren. Eine These zur "Urschrift" gibt es nicht. Schrift ist eine überwältigende Synthese vom Gedankengut und der Kultur verschiedenster Völker. Ob mit dem Fortschritt der Technik und der Archäologie andere und neuer Erkenntnisse zur Entstehung der Schrift hervorgebracht werden, kann ich derzeit nicht einschätzen. Jedoch vermute ich, dass die Entwicklungs- und Entstehungsgeschichte der Schrift noch jahrhundertelang Wissenschaftler faszinieren und beschäftigen wird.

8 Literaturverzeichnis

- Dr.Phil. Jensen, Hans: Geschichte der Schrift, Hannover, 1925
- Friedrich, Johannes: Geschichte der Schrift, Heidelberg, 1966
- Haarmann, Harald: Geschichte der Schrift, München, 2002
- http://server02.is.uni- sb.de/courses/ident/themen/gesch_schrift/#k3
- Robinson, Andrew: Die Geschichte der Schrift. Bern-Stuttgart-Wien, 1996
- Schmitt, Alfred / Haebler, Claus (Hrsg): Entstehung und Entwicklung von Schriften, Köln-Wien, 1980
- Bilder:

  www.weikopf.de

  www.wikipedia.org/